ESSAI

SUR

CHATEAUBRIAND

PAR

BRUNON (Gerbert)

ÉTUDIANT EN DROIT

AURILLAC

IMPRIMERIE DE L. BONNET - PICUT,

IMPRIMEUR DE LA PRÉFECTURE.

1888

A M. H. Feuilleret.

Je n'ai pas oublié, cher maître, les heures charmantes que nous avons passées ensemble et pendant lesquelles vous nous racontiez, avec autant de plaisir pour vous que pour nous, les grandeurs et les misères de l'histoire. Permettez-moi de vous offrir ce faible Essai et recevez-le comme un témoignage de ma reconnaissance et de ma sincère affection.

Votre élève dévoué,

BRUNON, Gerbert.

ESSAI

SUR

CHATEAUBRIAND

François-René de Chateaubriand est né à Saint-Malo, le 4 septembre 1768.

Dernier venu dans la famille, on l'appelait le *chevalier*.

Son père, gentilhomme aux manières dures et hautaines, avait refait aux colonies la fortune de sa maison ; il joignait à beaucoup d'orgueil, de morgue aristocratique et de sévérité, une grande intelligence, un caractère élevé, plein de droiture et d'énergie.

Quant à sa mère, c'était une femme pieuse et bonne, un peu fantasque, il est vrai, mais d'une gaîté spirituelle et charmante, qui s'épanchait volontiers, quand l'humeur chagrine de son époux ne venait pas la comprimer.

L'enfant était chétif, d'une constitution maladive : on le voua au blanc et au bleu, et on l'envoya en nourrice dans un village voisin.

Il revint ensuite dans sa famille à Saint-Malo. Ses jours s'y passaient à jouer sur la grève, au bruit des vents et des flots, avec les gamins du quartier. On s'inquiétait peu de lui : couvert d'habits sales et déchirés, il courait les rues avec son ami Gesril, jouant mille tours aux voisins, et ne faisait à la maison paternelle que de fugitives apparitions. Sa bonne gouvernante, la Villeneuve, l'aidait le soir à raccommoder ses hardes et tâchait de lui éviter les corrections que méritaient ses escapades.

Le chevalier de Chateaubriand n'était donc pas un enfant
gâté, loin de là ; mais ce genre de vie contribua puissam-
nent à le faire devenir ce qu'il fut plus tard, ainsi qu'il le
lit dans ses mémoires : « Le Ciel voulut placer dans mon
« berceau une image de mes destinées. Elevé comme le
« compagnon des vents et des flots, ces flots, ces vents,
« cette solitude, qui furent mes premiers maîtres, convenaient
« peut-être mieux à la nature de mon esprit et à l'indépen-
« dance de mon caractère (1). »

Un beau matin, à sa grande joie, sa mère l'emmena, avec
sa sœur Lucile, au château de Combourg, immense et triste
manoir, sauvage et poétique retraite, sise au bord d'un étang,
entourée de bruyères et de forêts.

L'enfance n'est pas exigeante en fait de bonheur. Ce voyage
en carrosse, à travers de pittoresques campagnes, avait agréa-
blement distrait le jeune chevalier ; il pénétra presque avec
joie dans la féodale demeure, qu'il fallut bientôt quitter pour
aller au collége de Dol.

Ses progrès y furent assez rapides dans l'étude des mathématiques et du latin ; et il y donna une preuve de cette
indomptable fierté de caractère qu'il devait porter dans tous
les actes de sa vie publique : condamné au fouet pour avoir
grimpé sur un arbre dans le but de dénicher une pie, il
triompha par son énergique résistance du tortionnaire en
soutane chargé de lui infliger cette singulière correction, si
fort du goût de Jean-Jacques ; il est vrai que le bourreau et
surtout le patient n'étaient pas les mêmes que ceux dont il
est question dans les aveux parfois étranges de l'auteur des
Confessions.

Le jeune élève venait tous les ans passer ses vacances à
Combourg.

Ce n'était déjà plus un enfant ; il commençait à se livrer à
ses rêves qui devaient faire le tourment et les délices de sa
jeunesse, et l'accompagner jusqu'à la tombe. Sa précoce
sensibilité s'éveillait à la lecture d'Horace ; les vers du poète
lui donnaient les premières idées de l'amour, troublant son
cœur et ses sens, en même temps qu'un livre des confessions

(1) *Mémoires d'Outre-Tombe.*

mal faites, offrait à son imagination épouvantée le tableau des peines de l'enfer.

Il n'est pas rare, en effet, de voir chez certains enfants d'une précocité maladive les terreurs religieuses se mêler aux premières aspirations du cœur et des sens.

C'est vers cette époque qu'il fit sa première communion au collége de Dol, sous les yeux de sa famille. Sa foi religieuse allait alors jusqu'à la plus grande exaltation : elle devait pourtant s'éteindre plus tard; mais nous verrons quelle cause providentielle vint la ranimer pour toujours.

Le comte de Chateaubriand destinait son fils à la marine : les pères se donnaient alors rarement la peine de consulter leurs enfants sur le choix d'une carrière; les cadets de famille étaient indifféremment abbés ou sous-lieutenants. En conséquence, M. le chevalier fut envoyé au collége de Rennes pour qu'il pût s'occuper de mathématiques.   .

Comme à celui de Dol, il y fit preuve d'une intelligence remarquable.

On lui donna la chambre de Parny, et, pour camarade de lit, le jeune Sirgeant, qui fut l'auteur de la machine infernale.

Il partit bientôt pour Brest, où son brevet de garde-marine devait lui être adressé, et retrouva avec bonheur cette mer qui avait vu ses premiers jeux.

Quoique sous la surveillance d'un oncle, il jouissait néanmoins d'une grande liberté : partageant son temps entre l'étude des mathématiques et du dessin, il trouvait encore assez de loisir pour rêvasser loin de la ville ou se promener sur les quais, observant le mouvement du port et de la rade. Mais tout cela ne put le retenir longtemps. Un jour qu'il parcourait la jetée, une flotte entra dans le port; il reconnut son ami Gesril dans l'embarcation qui ramenait les officiers à terre. Il l'embrassa et le quitta tout rêveur; après les fatigues et les dangers d'une campagne, Gesril revenait chez ses parents. Le jeune Chateaubriand s'étant demandé pourquoi il n'en ferait pas autant, et, laissant où il était son brevet de garde-marine, s'en alla tout de suite à Combourg, où on ne lui fit pourtant pas un accueil proportionné à cette inconcevable équipée.

S'il eût été officier de marine, que serait-il advenu de lui ? Sa destinée n'aurait-elle pas été toute différente ?

Ses mémoires n'expliquent pas d'une manière suffisante ce départ impromptu.

Céda-t-il à un violent accès de nostalgie, ou comprit-il, à son insu, que l'indépendance de son caractère et la vivacité de son imagination s'opposaient à ce qu'il embrassât la carrière de la marine , ou enfin Dieu , qui lui réservait une autre destinée, lui envoya-t-il une subite inspiration ?

Quoi qu'il en soit, obéissant au vœu secret de sa mère et à une velléité passagère, le jeune Chateaubriand déclara à sa famille qu'il voulait se faire prêtre, et partit pour le collége de Dinan , où il acheva ses humanités ; mais, comme il sut bientôt plus de grec et de latin que ne pouvaient lui en apprendre ses nouveaux professeurs, et sa vocation religieuse lui ayant complétement passé, il revint à Combourg.

Deux années s'écoulèrent dans l'oisiveté et le délire : la sévérité glaciale de son père, les ennuis de sa mère, les tourments de Lucile , la monotonie de la vie domestique , tout contribuait à prolonger ce douloureux état de son âme, sous le ciel brumeux de la Bretagne, dans la mélancolique solitude de Combourg.

Il fuyait avec terreur la présence de son père, et allait se promener dans la campagne avec Lucile, à laquelle il confiait ses rêves et ses tristesses, ou parlait avec passion des charmes de la solitude.

Le moindre objet suffisait à sa rêverie ; le son d'une cloche, le chant d'un oiseau, le bruit du vent dans les arbres le plongeaient dans une vague tristesse.

Il parcourait les bois à la chute des feuilles, à la poursuite de ses fantômes de gloire et d'amour , ou voguait sur l'étang, contemplant les nuages d'or du couchant et le vol des hirondelles.

Son exaltation approchait parfois de la folie ; il en était venu à aimer une vierge idéale, éclose de son cerveau malade, et qu'il appelait sa sylphide.

Mais quand, se réveillant de ses rêves de gloire et d'amour, il se retrouvait au haut de son donjon de Combourg, inconnu et solitaire, il entrait dans un désespoir mêlé de rage et se roulait sur son lit en versant des larmes.

« Il habitait avec un cœur plein, un monde vide, et sans « avoir usé de rien, il était désabusé de tout.

« En proie à cette coupable mélancolie qui s'engendre au « milieu des passions, lorsque ces passions sans objet se con- « sument d'elles-mêmes dans un cœur solitaire (1). »

Comme on le voit, toutes les tristesses et toutes les rêveries de René sont en germe dans cette jeune âme, et la réalité est aussi douloureuse que la fiction.

Certains critiques vont jusqu'à dire que bien des choses sont vraies dans ce navrant épisode.

Sans doute, Amélie a quelque parenté avec Lucile ; mais le respect que nous inspire la mémoire de M. de Chateaubriand nous a toujours empêché de compléter les révélations des *Mémoires d'Outre-Tombe* par les confidences de René.

Si tout était silencieux et triste, tout était pur et grave dans cet intérieur de famille que le noble écrivain a plus tard si magnifiquement décrit.

Il y a des choses qui ne se supposent et ne se discutent même pas.

Le dénouement de tout cela faillit être sanglant.

Un jour, n'y tenant plus, il se rendit sous un arbre du grand Mail, chargea de trois balles un vieux fusil qui partait au repos, en introduisit le canon dans sa bouche et frappa l'arme contre terre : elle ne partit heureusement pas, et l'arrivée d'un domestique força le malheureux jeune homme à différer ses projets qu'une grave et longue maladie vint fort à propos l'empêcher de réaliser.

Etait-ce un dégoût sérieux de cette vie dans laquelle il entrait à peine qui l'avait poussé à cet acte coupable ? Ou plutôt cette ardente imagination, cette vive sensibilité, ce secret désir de lutte et d'action, ce besoin des sens qu'il réprimait violemment, ne devaient-ils pas aboutir à cette conclusion fatale ?

Dans le courant d'idées positives où nous vivons, c'est

_____

(1) *Génie du Christianisme.*

une maladie de l'âme qui devient bien rare chez les jeunes gens.

Entouré des soins de sa mère et de sa sœur, M. de Chateaubriand revint à la santé. Mais ne pouvant se décider encore à prendre un parti, il répondait d'une manière évasive à sa mère qui l'engageait à embrasser la carrière ecclésiastique. Le métier d'abbé, tel que l'entendaient alors les cadets de famille, lui paraissait ridicule, et il s'effrayait de la majesté du sacerdoce.

Il songeait enfin à partir pour les colonies, quand un beau matin son père lui remit une épée et lui dit, après l'avoir embrassé, qu'on avait obtenu pour lui un brevet de sous-lieutenant dans le régiment de Navarre, en garnison à Cambrai. Une voiture attendait dans la cour; il fallut y monter après avoir dit adieu à sa mère et à sa sœur qui fondaient en larmes sur le perron; il s'enfonça dans son siége, et, faisant un dernier signe d'adieu, s'éloigna rapidement et disparut derrière les arbres de l'avenue.

Il ne devait plus embrasser ce père qu'il aimait, malgré sa froide réserve et sa dure sévérité.

Ainsi vont les choses humaines! On se quitte en se disant au revoir, et la mort arrive sans prévenir et vous sépare à jamais !

Il fit le trajet de Rennes à Paris dans la voiture d'une modiste fort aimable, qui s'indigna de sa retenue et de sa timidité. Sa désinvolte compagne, cruellement désappointée, le déposa dans un hôtel de la rue du Mail et le quitta brusquement.

Assourdi par les bruits de la rue, attristé par la vue des toits enfumés et d'une cour sale et profonde, le jeune voyageur commençait à regretter son donjon solitaire et ses forêts de Combourg, quand son frère aîné, marié à Mlle de Rosambo, petite-fille de M de Malesherbes et son cousin Moreau vinrent le prendre pour le conduire chez sa sœur, Mme de Farcy.

Quelques jours après, le jeune sous-lieutenant partit pour Cambrai; il prit goût à la vie militaire et sut se faire aimer de ses camarades; sa petite chambre devint bientôt un lieu

de réunion pour les officiers de son régiment, qui la préfé-
raient au café.

Il partageait son temps entre l'étude de son métier, le
service et les plaisirs, quand la mort de son père le rappela à
Combourg. Il n'y fit qu'une courte apparition et regagna Paris
où son frère l'attendait.

Pendant les quelques semaines que dura ce nouveau
séjour, il employait son temps à l'étude d'Homère et à de
longues courses dans cette ville qu'il n'avait fait qu'entrevoir
à son premier passage et qui offre tant de sujets à l'obser-
vation.

Cédant, à regret, aux instances de sa famille, le sauvage
jeune homme se laissa présenter à Louis XVI ; il monta même
dans les carrosses de la cour. Il assistait un jour à une grande
chasse, quand, au lancer d'un chevreuil, la capricieuse monture
du débutant l'emporta, malgré ses efforts, entre le roi et l'ani-
mal blessé, ce qui faillit mettre en colère le royal chasseur.

Le régiment de M. de Chateaubriand était en ce moment à
Dieppe, il le rejoignit ; mais rappelé en Bretagne pour une
affaire de famille, il y séjourna quelques mois ; accompagné
de ses deux sœurs, Lucile et Julie, il repartit bientôt pour
Paris.

Ses goûts littéraires l'entraînèrent dans la société de quelques écrivains : Laharpe, Ginguéné, Lebrun, Chamfort, Parny,
Fontanes, dont il devait se faire un ami dévoué ; il parvint
avec beaucoup de peine à faire insérer une idylle dans l'*Alma-
nach des Muses*, chose dont il se souciait beaucoup plus que
de sa présentation au roi et de ses succès à la cour.

Du reste, cette société, dont il ne voyait que le déclin, allait
se dissoudre pour faire place à un ordre de choses nouveau.
La Révolution faisait des progrès tous les jours ; depuis un
siècle, les idées avaient marché, les germes déposés dans l'en-
cyclopédie et les livres des philosophes portaient leurs fruits
bons ou mauvais, et l'on commençait à jeter les éléments de
la liberté future dans les cahiers des états généraux. Les premières journées de la Révolution sont incontestablement très-
belles, car elles étaient encore pures. Mais les crimes d'un
peuple surexcité par l'éloquence incendiaire de la borne et

de la taverne ne tardèrent pas à se mêler à ce généreux mouvement des esprits et des volontés. L'aurore de régénération qui se levait sur la France s'empourpra bientôt de sanglantes lueurs.

D'un esprit et d'un cœur naturellement généreux et hardi, M. de Chateaubriand applaudit aux réformes adoptées par les états généraux, mais les premiers excès populaires le brouillèrent avec la Révolution.

Un jour, de sa fenêtre, il vit passer dans la rue les têtes de Foulon et de Berthier, portées au bout de piques par une populace déguenillée : « Si j'avais eu un fusil, dit-il, j'aurais tiré sur ces misérables. »

Ce n'était encore que le prélude du drame populaire, et bientôt l'on devait répandre à flots un sang plus pur que celui de ces deux hommes.

Dans cet intervalle, le régiment de M. de Chateaubriand s'était dispersé : les officiers étaient allés se ranger autour des princes, à Bruxelles ou à Coblentz, et les soldats étaient venus grossir les rangs de ces armées héroïques que la Révolution aux abois allait lancer sur l'Europe. Le pensif sous-lieutenant ne partageait sur l'émigration aucune des idées de ses compagnons d'armes ; au reste, il avait alors en tête des projets de découverte et de lointains voyages.

« Une émigration plus raisonnable se dirigeait vers les rives « de l'Ohio ; une terre de liberté offrait un asile à ceux qui « fuyaient la liberté de leur patrie (1). »

Il voulait donc passer en Amérique : en outre, il se proposait de chercher à découvrir le passage du Nord-Ouest, en remontant la côte en vue de la mer et de la Californie jusqu'au détroit de Béhring, en doublant le dernier cap de l'Amérique et en rentrant dans les Etats-Unis par la baie d'Hudson, le Labrador et le Canada.

Encouragé dans cette entreprise par M. de Malesherbes, le jeune voyageur dit adieu à sa famille, revit Combourg une dernière fois et s'embarqua à St-Malo, au printemps de 91.

Il avait alors vingt-trois ans : encore plein d'ardeur et

____

(1) Préface du *Voyage en Amérique*.

d'illusions, il était dans les meilleures conditions possibles pour admirer les forêts vierges de l'Amérique et les magnificences de ses déserts. Pendant que l'Océan roulait à l'infini ses flots verdâtres et que la lune argentait la cime des vagues, il pouvait à son aise, sur le pont de son vaisseau, rêver à cette vierge idéale, entrevue dans les bruyères de Combourg.

Après une traversée de deux mois, pendant laquelle il avait failli se noyer et être dévoré par les requins, il arriva à Baltimore, d'où il partit aussitôt pour Philadelphie. Muni d'une lettre du marquis de la Rouerie, il se présenta chez le général Washington : ce dernier lui fit un accueil assez froid et ne parut pas beaucoup s'intéresser à ses projets de découverte. Quelques jours après, un Américain d'Albany lui en démontra l'impossibilité sans l'assistance du gouvernement français et sans s'être auparavant acclimaté en faisant une longue course dans l'intérieur de l'Amérique.

Assez vivement contrarié, le jeune voyageur se rendit cependant à ces raisons, et, accompagné d'un guide, partit pour la cataracte de Niagara et de là se rapprocha du Mississipi. Il erra pendant quelque temps de solitudes en solitudes, admirant la nature telle qu'elle sortit des mains de Dieu, étudiant avec intérêt les mœurs de l'homme primitif, se livrant en liberté à ses rêves enchantés.

Il vivait avec les sauvages, assistait à leurs chasses et prenait part à leurs fêtes.

Il allait au hasard, admirant la luxuriante végétation des forêts et les fleuves majestueux promenant leur cours paisible ou troublé dans des savanes émaillées de fleurs, s'extasiant devant un coucher de soleil, après une journée brûlante, jouissant avec volupté de la fraîcheur de la nuit, et rêvant Atala et Chactas à la clarté des étoiles.

Ces magnifiques solitudes lui révélèrent son génie, et c'est à ce voyage que nous devons ces chefs-d'œuvre qui influèrent si heureusement sur la littérature du siècle. Mais pendant que l'intéressant voyageur recueillait précieusement ces poétiques impressions destinées un jour à renouveler la littérature de sa patrie ; pendant qu'il menait une vie agréable et conforme à ses goûts indépendants, dans les déserts du Nouveau-Monde, les évènements marchaient avec rapidité sur la vieille terre d'Europe ; la Révolution française allait toujours en avant, broyant sur son passage les institutions et les hommes qui s'opposaient à sa marche. Louis XVI, arrêté à Varennes et ramené à Paris au milieu d'une populace furieuse, avait été dépouillé du peu de prestige qui s'attachait encore à la royauté ; des scènes de meurtre et de pillage couvraient journellement la France de ruines sanglantes ; les gentilshommes, chassés de leurs châteaux, allaient se ranger de l'autre côté du Rhin, sous la bannière des princes.

Un bout de journal anglais, ramassé par hasard dans une ferme, apprit tout cela à M. de Chateaubriand. Il crut que l'honneur l'appelait, et ne restant pas sourd à cette voix dont les avertissements lui furent toujours sacrés, il partit aussitôt. Le 2 janvier 92 il était au Hâvre, et peu de jours après, il revoyait sa famille à Saint-Malo. On lui fit comprendre qu'un mariage était nécessaire pour réparer le mauvais état de sa fortune, et on le présenta à la fille d'un chevalier de St-Louis, Mlle de Lavigne, qu'il épousa presque sans la connaître : « Elle « était blanche, délicate, mince et fort jolie (1). » Elle avait en outre un esprit remarquable ; mais la dot, qui consistait en revenus sur les biens du clergé, se fondit comme la neige sous les rayons d'un soleil de printemps. Il ne parut pas, dans la suite, avoir ressenti pour sa femme, une bien grande tendresse ; néanmoins, les deux époux vécurent toujours en assez bonne intelligence.

M. de Chateaubriand ne songeant plus qu'à aller rejoindre ses compagnons d'armes, passa par Paris et décida son frère à le suivre ; il se sépara de lui à Bruxelles et continua sa route jusqu'au camp de l'émigration

On trouva qu'il arrivait trop tard et on fit des difficultés pour l'admettre dans les rangs de cette impuissante armée ; mais tout s'arrangea, grâce à l'intervention de son cousin Armand et de ses camarades du régiment de Navarre. On lui donna une mauvaise carabine allemande qui ne partait pas, et on lui mit sur les épaules, par dessus son uniforme de

(1) *Mémoires d'Outre-Tombe.*

sous-lieutenant, un sac de quinze livres qui lui faisait cracher le sang. Il ne put s'empêcher d'éprouver un serrement de cœur en passant, sous les armes, la frontière de son pays. Du reste, il ne se faisait pas illusion sur les résultats de la campagne et ne partageait aucune des espérances de ses camarades.

C'est de ce jour que commença en lui cette lutte intérieure entre la raison et le devoir, qui devait marquer d'une empreinte fatale toute sa vie politique. Quelle source d'amères déceptions et de déchirements douloureux ! Les conséquences qui résultent d'un pareil état de choses suffisent pour paralyser les efforts des volontés les plus tenaces et des cœurs les plus héroïques. On mit le siége devant Thionville qu'on ne put prendre et où M. de Chateaubriand reçut une blessure à la jambe, après avoir fait son devoir en brave soldat.

Du reste, ce n'était pas la bravoure qui manquait à cette armée, et comme le dit un publiciste moderne : « la faute de « ces hommes qui portaient les armes contre leur patrie pre- « nait sa source dans d'honorables sentiments fourvoyés (1). »

Il faut faire la part des préjugés dont on les avait imbus dès le berceau, et il serait injuste de voir un crime dans une erreur ou une faute. Au surplus, ne pourrait-on pas faire le même reproche aux libéraux français qui, pendant l'expédition d'Espagne, crurent devoir combattre notre armée ?

Les émigrés voyaient la patrie dans le roi ; malheureusement, ils ne comprirent pas que leur place était auprès de Louis XVI et que chaque pas qu'ils faisaient vers la frontière rapprochait le sanglant couperet de la tête royale.

Cette armée de jeunes officiers et de vieux gentilhommes impotents ne tarda pas à être licenciée.

M. de Chateaubriand prit alors solitairement sa route vers les montagnes des Ardennes, sans pain, sans argent, vêtu d'un uniforme déchiré, couvert de gâle et de petite vérole, la cuisse traversée par un éclat d'obus. Traîné pendant le jour dans des charrettes de paysan ou sautillant sur les routes avec sa béquille, il couchait, la nuit, dans les bois ou dans les huttes des bergers.

(1) Hippolyte CASTILLE.

Un soir, sentant ses forces s'affaiblir et croyant sa dernière heure venue, il s'étendit dans un fossé et s'évanouit. Il était là depuis deux heures, lorsque les fourgons du prince de Ligne venant à passer, l'emportèrent jusqu'à Namur, où quelques femmes eurent soin de lui.

De là il se rendit à Bruxelles, mais aucun hôtelier ne voulut le recevoir : « Je frappais, on m'ouvrait ; en m'apercevant « on disait : « passez, passez, » et l'on me fermait la porte « au nez. On me chassa d'un café. Mes cheveux pendaient « sur mon visage, masqué par ma barbe et mes mousta- « ches. J'avais la cuisse entourée d'un torchis de foin ; par « dessus mon uniforme en loques, je portais la couverture « de laine des Namuriennes, nouée à mon cou en guise de « manteau. Le mendiant de l'Odyssée était plus insolent, « mais pas si pauvre que moi (1). »

Les souffrances physiques devaient avoir peu de prise sur une pareille organisation ; une résignation stoïque le mettait toujours au-dessus de ces douleurs qui abattent des caractères moins vigoureusement trempés ; mais quels tourments infligeaient de pareilles humiliations au cœur du fier gentilhomme et de l'irritable poète !

Heureusement il rencontra son frère qui lui donna vingt-cinq louis, ce qui lui permit de gagner Ostende par les canaux et de s'embarquer pour Jersey. A Guernesey on crut qu'il allait mourir ; le capitaine le fit alors déposer sur le rivage pour qu'il y achevât son agonie, mais le ciel semblait veiller sur lui. Saisie de pitié, la femme d'un pilote anglais le fit porter dans sa maison et lui prodigua les soins les plus délicats. Aussi, rétabli dès le lendemain, il put se rembarquer pour Jersey, où son oncle, le comte de Bedée, lui donna l'hospitalité. Après une maladie de quatre mois, il passa en Angleterre.

Il vécut quelque temps à Londres dans le dénuement le plus absolu : logé dans un grenier de Holborn, faisant des traductions pendant le jour et la nuit travaillant à l'*Essai historique*, livre rempli d'amertume, de douleur et de

______
(1) *Mémoires d'Outre-Tombe.*

doute, dans lequel il se proposait de rechercher des rapports plus ou moins réels entre la Révolution française et les révolutions anciennes. Ce n'est, en somme, que le recueil bizarre des rêveries politiques et des misanthropiques réflexions d'un jeune homme auquel les médecins avaient prédit une mort prochaine. Cependant, à travers les paradoxes et les déclamations, brillent de temps à autre des éclairs de génie, s'ouvrent des perspectives éblouissantes.

Des sentiments nobles et élevés accompagnent d'incroyables erreurs; l'impiété n'est qu'à la surface, et un abîme ne sépare pas l'*Essai historique* du *Génie du Christianisme*, comme on l'a prétendu plus tard. Les pieuses influences de l'éducation s'y mêlent à l'esprit du XVIIIe siècle; on devine un admirateur et un disciple de Rousseau.

Les ressources du jeune écrivain s'épuisaient de jour en jour : trop fier pour recevoir le shelling de l'émigré, il fut obligé de diminuer la ration ; il en vint bientôt à se nourrir d'eau chaude et de papier mâché, et restait en contemplation, des heures entières, devant les boutiques des charcutiers et des boulangers. Son oncle de Bédée lui fit parvenir quarante écus qui le tirèrent momentanément d'embarras. Des malheurs de famille vinrent s'ajouter à sa détresse : les journaux lui apprirent la mort de son frère et de sa belle-sœur, dont les têtes étaient tombées sous la hache révolutionnaire, et le comte de Bédée lui annonça la captivité de sa mère, de sa femme et de sa sœur Lucile.

L'apparition de l'*Essai* avait fait à Londres quelque sensation; le bruit des erreurs que renfermait ce livre était même parvenu jusqu'à Mme de Chateaubriand. A son lit de mort elle s'en plaignit amèrement à sa fille, Mme de Farcy. C'est par une lettre de cette dernière que le jeune écrivain apprit la mort de sa mère, et quand cette lettre lui parvint, sa sœur n'existait déjà plus !

Son désespoir fut terrible ; il jeta au feu des exemplaires de l'*Essai* et aurait anéanti l'ouvrage s'il l'avait pu. « Ces « deux voix sorties du tombeau, dit-il, cette mort qui ser- « vait d'interprète à la mort m'ont frappé. Je suis devenu « chrétien ; je n'ai point cédé, j'en conviens, à de grandes

« opinions surnaturelles ; ma conviction est sortie du cœur,
« j'ai pleuré et j'ai cru. »

C'est cette douleur qui nous a valu le *Génie du Christia-nisme*, entrepris en expiation de l'*Essai*.

Au commencement du siècle, la politique conciliatrice du premier Consul rouvrit aux émigrés les portes de la France : M. de Chateaubriand profita de l'amnistie et revint à Paris.

Ces six années d'exil qu'il venait de traverser n'avaient pas été perdues pour sa gloire future ; la tristesse de son enfance et les malheurs de sa jeunesse s'étaient unis pour donner à son génie cette teinte mélancolique qui devait faire le charme indéfinissable et la grâce exquise de ses œuvres. Peut-être qu'une vie plus heureuse eût tari cette veine dans sa source, eût amoindri cette puissance.

C'est sous les auspices de M. de Fontanes qu'il débuta dans la carrière littéraire ; sa lettre à Mme de Staël fut insérée au *Mercure*.

Peu de temps après, parut *Atala* : elle fut accueillie avec enthousiasme par cette société à laquelle les malheurs de la Révolution avaient laissé un besoin immense d'émotions et de sentiments. Quelques critiques cependant ne manquè-rent pas de se récrier : deux voix autorisées surtout, Hoffmann et l'abbé Morellet, s'émurent à cette apparition.

Ces sentiments, empreints de la mélancolie et de l'austérité du christianisme, ces brillantes métaphores, ce style harmo-nieux, imagé, paré de fleurs exotiques, si loin de la séche-resse philosophique, choquèrent les vieux disciples du XVIIIe siècle, mais séduisirent la jeune génération. On avait assez de ces passions de boudoir, qui se traduisent en petits vers prétentieux, et de leur inévitable dénouement ; on se prit donc à aimer ces types charmants d'Atala et Chactas ; on s'intéressa à cet amour que la mort vient briser brusquement dans la grotte d'un solitaire. Les accents vrais qui respirent dans le discours du père Aubry firent même pardonner son inopportunité.

La vogue d'*Atala* fut immense ; on la traduisit dans toutes les langues et elle fut lue jusque dans le harem du Sultan. Les artistes y trouvèrent des inspirations ; des gravures repré-

sentant la scène de l'orage ou celle des funérailles furent
appendues aux murs de pauvres chaumières perdues au fond
du Jura et de l'Auvergne, à côté des amours de Paul et
Virginie. Depuis soixante ans ces types n'ont pas vieilli, et
charmeront toujours les cœurs de seize ans.

Le *Génie du Christianisme* vint ensuite.

Les cris d'admiration étouffèrent encore la voix de la critique ; M. de Chateaubriand avait conquis les cœurs : les
sympathies étaient pour lui. On vit revenir le christianisme
comme un vieil ami dont on avait été douloureusement séparé
pendant de longues années, mais qu'on n'avait pas oublié.
On sut gré à l'auteur de rappeler, dans un style harmonieux,
empreint d'une mélancolie jusqu'alors inconnue, toutes ces
choses de la religion et du culte qui s'étaient mêlées si
longtemps aux joies intimes du foyer, aux saintes traditions
de la famille. La prière revint sur les lèvres, l'espoir au fond
des cœurs, fatigués de crimes et de douleurs.

Voltaire et tout le XVIII\ :^e:\ siècle avaient dit : le christianisme est ridicule et odieux.

Chateaubriand répondait : tout est sublime dans cette
religion d'amour et de liberté.

Il ne chercha pas à convaincre les esprits, mais à toucher
les cœurs, à séduire les imaginations. Une des meilleures
qualités de l'ouvrage était son à-propos : le public était on
ne peut mieux disposé à accueillir favorablement un livre
qui répondait si bien à ses secrètes aspirations, à ses vœux
les plus ardents. Aussi le succès du *Génie du Christianisme*
fut-il éclatant. L'auteur, reçu partout à bras ouverts, fut,
pendant quelque temps, porté aux nues par tous les journaux et enseveli sous un amas de lettres de félicitations.

Le premier Consul, qui cherchait à réconcilier la France
avec la cour de Rome, applaudit au succès d'un livre qui
pouvait favoriser ses desseins ; il causa avec M. de Chateaubriand chez Lucien Bonaparte, et peu de temps après, lui
fit proposer la place de premier secrétaire à la légation de
Rome, à la tête de laquelle était le cardinal Fesch. L'abbé
Emery, directeur du séminaire de Saint-Sulpice, vainquit
ses hésitations et le décida à l'accepter.

Il partit donc, mais la mort de Mme de Beaumont, à laquelle il avait voué une grande amitié, et les tracasseries journalières du cardinal le dégoûtèrent du séjour de Rome et des occupations diplomatiques.

Ce n'est certes pas à Rome que peuvent se guérir des douleurs de cette nature. La Ville Éternelle, avec son air d'abandon, ses tombeaux et ses ruines, peut cicatriser les blessures de l'ambition déçue ou du désenchantement politi que ; mais, à coup sûr, elle ne peut rien sur les souffrances du cœur, qu'assoupit, au contraire, le spectacle d'une ville animée et bruyante.

Après un voyage à Naples, M. de Chateaubriand revint à Paris. Comprenant que les postes secondaires ne lui convenaient pas, le premier Consul créa pour lui la place de ministre plénipotentiaire dans le Valais, et le titulaire allait se rendre à son poste quand il apprit l'exécution de l'infortuné duc d'Enghien. Il crut encore entendre la voix de l'honneur et il n'hésita pas à lui obéir : un abîme le séparait désormais du premier Consul. Rempli de douleur et d'indignation, il envoya aussitôt sa démission à M. de Talleyrand. Bonaparte conçut de cette courageuse démarche une sourde irritation, et tous ses amis tremblèrent pour l'illustre écrivain.

C'est de ce jour que date l'inimitié de ces deux hommes qui ne se rendirent justice que lorsque les évènements firent cesser l'antagonisme de leurs destinées.

Sa démission lui rendit ses loisirs : il en profita pour ébaucher les *Martyrs*, et c'est pour aller chercher de nouvelles inspirations aux lieux mêmes où devaient se passer les principaux évènements de son poème, qu'il entreprit son voyage d'Athènes et de Jérusalem.

Il regagna la France en 1807 et alla vivre dans son domaine de la Vallée-aux-Loups, habitation charmante et dont il aimait beaucoup le séjour, mais qu'il fut obligé plus tard de mettre en loterie. Loin des bruits du monde, dans le calme et le recueillement, il y composa l'*Itinéraire* et les *Martyrs*. On dit volontiers de nos jours que l'*Itinéraire* est un des meilleurs ouvrages de M. de Chateaubriand. C'est, dans tous les cas, l'un des plus intéressants ; il laisse bien loin le *Voyage en*

Orient de M. de Lamartine. Il est impossible de mêler avec autant de perfection et de charme les émotions personnelles aux souvenirs historiques. Rien ne fatigue dans cette lecture : sans s'en apercevoir, et toujours avec un plaisir nouveau, on passe d'une scène de voyage à une dissertation d'érudit, de la description d'un site ou d'un monument à une pensée philosophique. Avec quel charme l'on suit ces promenades du chevaleresque pèlerin, à travers ces lieux à jamais célèbres d'où il a rapporté, au péril de sa vie, de si riches trésors de poésie !

Ses lettres sur Rome, adressées à M. Joubert, offrent aussi le même intérêt ; son *Voyage en Amérique*, bien préférable aux *Natchez*, sans être un chef-d'œuvre, abonde en charmants récits et en observations pleines de finesse et d'élévation. L'humeur voyageuse est un des traits caractéristiques de cette physionomie si complexe.

Quant aux *Martyrs*, ils n'eurent pas un très-grand succès.

On ne parut pas apercevoir ce qu'avait de grand cette lutte du paganisme à son agonie et du christianisme à son aurore. M. de Fontanes ne cessait de lui répéter que le public porterait tôt ou tard un autre arrêt : il ne s'est pas trompé tout-à-fait. Le temps a fait justice de la malveillance de la critique, et de nos jours on admire généralement les *Martyrs*, un peu sur parole, il est vrai, car on les lit peu. Il y a cependant de belles choses. Cette œuvre, à laquelle l'auteur s'était préparé par un long voyage et une étude approfondie de l'antiquité, pêche peut-être sous le rapport de l'ordonnance de l'ensemble et de l'emploi quelquefois intempestif du merveilleux ; mais, en revanche, quelle variété et quelle richesse dans les détails ! Quoi de plus parfait que les descriptions d'Athènes, de Rome et de Jérusalem ; de plus passionné et de plus charmant que l'épisode de Velléda, de plus dramatique que cette bataille des Francs, qui fut une révélation pour Augustin Thierry.

Quoi qu'il en soit, les *Martyrs* valurent à M. de Chateaubriand un redoublement de persécution. La police impériale voyait des allusions dans le portrait de Galérius et le tableau de la cour de Dioclétien. Elle suspendit peu de temps après la publication du *Mercure*, à la suite d'un article dans lequel il était question du rôle de l'historien en face de la tyrannie.

C'est vers cette époque que fut écrit le *Dernier des Aben-cerages*, noble reflet des mœurs chevaleresques, charmante et gracieuse création, dans laquelle l'auteur fait revivre un passé évanoui pour toujours et parle des douleurs de l'exil en homme qui les a longtemps connues. Mais il ne put faire paraître ce roman ; la censure n'aurait pas souffert l'éloge du caractère espagnol.

L'Académie ouvrit ses portes à M. de Chateaubriand ; il succédait à Chénier. Dans son discours de réception, l'empereur crut voir des allusions à la catastrophe de Vincennes, et lui défendit de le prononcer, ce qui ajourna la réception.

Deux ans auparavant, son cousin Armand, condamné à mort par une commission militaire, avait été fusillé. Le noble poète avait en vain sollicité sa grâce, et il était allé dans la plaine de Grenelle recevoir dans ses bras le corps percé de balles de son malheureux parent. Cet acte de rigueur avait comblé la mesure des choses. Mais l'heure qui devait fournir au noble écrivain l'occasion de se venger de son persécuteur ne devait pas tarder à sonner. L'année 1814 approchait, et avec elle la chute du gigantesque édifice de l'empire, qui s'écroulait au bruit du canon sur la tête de son imprudent architecte.

Avec la première Restauration, commencera la carrière politique de M. de Chateaubriand ; mais avant d'étudier le grand homme, il nous reste à parler de l'épisode de *René*.

C'est de tous ses ouvrages celui qui a le plus déteint sur la littérature du siècle. Il parut pour la première fois dans le *Génie du Christianisme*, à la suite du chapitre intitulé : *Du Vague des Passions*.

On fit d'abord peu attention à ces tristesses sans causes, à cette activité sans objet, à cette vie sans but, dont il était question dans *René*. On semblait ne pas se douter que c'était du mal du siècle dont souffrait ce dernier. Mais bientôt les cœurs aimèrent ces vagues rêveries, et les douleurs de René devinrent sympathiques à toutes les âmes.

Les siècles se traduisent quelquefois en des types qui en condensent l'esprit, qui en résument les mœurs, qui en expliquent les tendances. Dans ces cas, l'âme de l'humanité

tout entière semble avoir passé dans un seul homme. Tantôt
ces types éclosent du cerveau des poètes ; tantôt l'imagination
populaire s'empare de la vie d'un homme, jette sur elle les
brillantes couleurs de la légende et en fait un type immortel.

Ainsi, les temps héroïques de la Grèce revivent dans Achille
et Patrocle ; l'époque glorieuse de la République d'Athènes,
dans Léonidas, Alcibiade et Périclès ; les mœurs chevaleresques du moyen-âge, dans Roland, Arthur, Amadis ; le
XVIe siècle, hardi, sceptique et sensuel se résume admirablement dans les trois héros de Rabelais : Grandgousier,
Pantagruel et Panurge ; c'est sous l'influence de ces courants
d'idée de folle bravoure et de galanterie, qui caractérisent
les premières années du XVIIe siècle, que Corneille a fait revivre
le type du *Cid* emprunté au *Romancero* ; Molière, dans ses
comédies, à côté de peintures qui s'adressent à tous les âges
et à toutes les civilisations, a idéalisé bien des types qui appartiennent à la société contemporaine ; les Don-Juan et les
Lovelace, les Figaro et les Gil-Blas appartiennent au XVIIIe
siècle, et réunissent dans leur personne les vices et les qualités de cette époque spirituelle et frivole, où les hardiesses de
la pensée et la corruption des mœurs s'unissaient pour
saper l'édifice du passé. Werther, Adolphe, René, Oberman,
Child-Harold et Manfred, malgré les nuances qui les distin-
guent, ne sont-ils pas un peu parents et n'expriment-ils pas
les tristesses et les doutes de ce XIXe siècle, qui, au milieu
des ruines et des décombres, cherche à reconstruire l'édifice
de l'avenir ? De tous ces types d'êtres incompris et malheureux,
René est celui qui inspire le plus de sympathie, parce qu'il
est celui qui mérite le moins son malheur, et celui dont la
tristesse est la plus incurable. Si les amours de Werther n'a-
vaient pas été traversés par la fatalité, peut-être n'aurait-il été
qu'un bon bourgeois de Munich. Et ainsi des autres ; ils ne
portent pas tout-à-fait en eux la cause de leur tristesse comme
René : ce n'est pas toujours dans leur propre cœur que se
dénoue le drame. La passion incestueuse d'Amélie n'est qu'un
épisode dans la vie de René et il était aussi malade avant de
connaître ce funeste secret. A ses premiers pas dans la vie,
il porte en lui le germe fatal qui doit empoisonner son exis-

tence et il ne cherche pas, comme Child-Harold , un remède dans la débauche. Sa mélancolie ne se complique pas d'orgueil et de remords , comme dans les personnages de lord Byron ; il ne se croit pas supérieur aux autres hommes comme Manfred ; il se regarde comme isolé au milieu des joies et des douleurs de ses semblables. On n'éprouve pas le désir de consoler Adolphe ou Child-Harold ; on craindrait de s'exposer à leur mépris ; il n'en est pas de même pour René , car il appartient plus à l'humanité que ses frères, et c'est pour cela qu'il est le plus vrai et par conséquent le plus grand et le plus beau.

Les imitateurs se sont lancés sur la trace du maître, et le type de René fut reproduit à l'infini. Un nouveau sens fut donné au mot mélancolie , et tout un ordre de pensées se rattachant à ce mot, a été l'un des grands éléments de la poésie au XIXe siècle. Chateaubriand peut-être considéré comme le père du romantisme. Il a renouvelé la littérature en indiquant à ses contemporains de nouvelles sources d'inspiration poétique : le sentiment religieux, la contemplation de la nature , les rêveries et les vagues tristesses de l'âme , éléments que ne connurent pas les poètes classiques qui se contentaient d'observer les passions humaines d'une manière purement abstraite et dont la puissance originale était souvent amoindrie par l'esprit d'imitation des modèles antiques. Rousseau et Bernardin de Saint-Pierre l'avaient de loin précédé dans cette voie dans laquelle il a marché avec tant de gloire , suivi par toute une école. M. de Chateaubriand a regretté quelquefois d'avoir écrit *René ;* ce regret serait aujourd'hui malheureusement superflu. Les héros de Balzac ont remplacé les rêveurs, et les jeunes gens lisent plus volontiers *Mlle de Maupin* ou un traité d'économie politique que *Werther* et *René.*

Pendant que Napoléon faisait l'admirable campagne de France, et qu'avec les débris de son armée il tenait en haleine toute l'Europe , M. de Chateaubriand écrivait la brochure de *Bonaparte et des Bourbons.*

Malgré toutes les bonnes raisons privées et publiques qui pouvaient autoriser une pareille invective, on a quelque peine à voir le noble poète tremper sa plume dans le fiel pour donner le dernier coup au grand homme vaincu. Il est vrai que ce grand homme avait abusé des hommes et des choses et que son malheur n'était que la conséquence logique de ses erreurs et de ses fautes ; il est vrai aussi qu'il avait fait peser sur la France le plus intolérable despotisme, et que pendant quinze ans il avait détourné, au profit de sa gloire, toute l'énergie et tout l'enthousiasme légués au pays par la Révolution. Sans doute, dans la brochure de *Bonaparte et des Bourbons* bien des reproches étaient mérités, bien des exagérations justifiées. En outre, au milieu de la désorganisation générale, elle cherchait à rallier les esprits autour d'un principe et indiquait une issue à la crise terrible dans laquelle la France était plongée. Néanmoins, ce n'est pas sans un certain regret qu'on voit l'auteur d'*Atala* abandonner les sereines et pures régions de la poésie pour descendre sur le vulgaire et brûlant terrain de la politique, et surtout commencer sa carrière par un pamphlet rempli de haine et de colère. Quoi qu'il en soit, l'effet en fut immense. Louis XVIII fut reconnaissant du service rendu à sa cause par M. de Chateaubriand ; il l'éleva à la pairie ; mais ne pouvant vaincre une certaine antipathie, il ne songeait qu'à l'éloigner en lui confiant l'ambassade de Stockolm, quand on apprit le retour de l'île d'Elbe. Après avoir vivement insisté pour qu'on défendît Paris, M. de Chateaubriand suivit le roi à Gand, en qualité de ministre d'Etat.

L'orageux épisode des Cent-Jours se termina par le drame de Waterloo, et la seconde Restauration commença.

Le grand écrivain entre maintenant de plain-pied dans sa carrière politique. Elle devait être orageuse et traversée par des déceptions et des épreuves sans nombre ; « mais il eut le « bonheur de la terminer comme il l'avait commencée, bon- « heur assez rare aujourd'hui pour qu'on puisse s'en « réjouir (1). »

S'il se laissa d'abord entraîner par les rancunes de l'émigré

(1) CHATEAUBRIAND.

et plus tard par les colères de l'amour-propre blessé, il fut du moins fidèle à sa foi politique et se montra constamment le zélé défenseur de nos libertés. Il fut toujours loyal, sincère, désintéressé, homme d'honneur par excellence. On peut lui reprocher peut-être une trop vive ardeur pour la polémique, un peu trop d'amour-propre et de susceptibilité. Puissante individualité, homme tout d'une pièce, il poussait la fermeté jusqu'à l'entêtement le plus absolu ; il manquait de sens pratique et ne savait pas transiger, je ne dis pas avec l'honneur (ce serait un triste talent), mais avec les nécessités d'une situation.

D'un tempérament mélancolique et bilieux, il était naturellement irritable et excessif en toutes choses ; son opiniâtreté bretonne était aussi inébranlable que les granits de son pays. S'il partagea parfois à son insu les passions du parti ultra-royaliste, il n'en eut jamais les croyances. Il voulait avant tout un régime légal et des institutions libres en rapport avec les conquêtes de la Révolution et le progrès des idées. S'il admettait la légitimité, il ne concevait le pouvoir que limité par l'autorité de la loi. Rien ne lui était plus odieux que l'arbitraire et l'absolutisme. Ses études, son caractère indépendant, le séjour qu'il avait fait en Angleterre, et pendant lequel il avait pu apprécier les avantages d'un gouvernement constitutionnel et en étudier les rouages, étaient autant de circonstances qui avaient contribué à développer en lui ces saines idées de la *pondération des pouvoirs*, qu'il a si bien développées dans sa brochure de *La Monarchie selon la Charte*. Malheureusement, pendant les premières années de la Restauration et jusqu'à la chute du ministère Decaze, il céda parfois à des passions de parti. Aussi, c'est avec peine qu'on le voit se faire l'interprète et le chef de la faction ultra-royaliste, combattre à la Chambre des pairs l'inamovibité de la magistrature, protester contre l'ordonnance du 5 septembre, dirigée contre l'esprit de réaction, et enfin combattre systématiquement le ministère Decaze. Mais, du moins, il était sincère dans ses errements politiques ; il croyait, comme il le dit plus tard, faire l'éducation constitutionnelle des royalistes, combattre la faction bonapartiste, qui cherchait à réveiller la faction révolutionnaire et arrêter le Gouvernement sur la pente démocratique où il s'était placé. On sourit presque des illusions de cet esprit prévenu qui semble ne pas comprendre le premier mot de la situation politique à laquelle le Gouvernement avait à faire face. Ne devait-il pas comprendre que la seule politique admissible dans les premières années de la Restauration était une politique libérale et essentiellement conciliatrice. Quand il aurait fallu endormir les défiances et étouffer les préventions, on ne devait pas se livrer à des actes réactionnaires qui ne pouvaient qu'augmenter ce malaise et fournir des prétextes aux mécontents.

La Chambre introuvable était trop ardente pour trouver le baume qui pouvait cicatriser les blessures faites au pays par dix ans de révolution et quinze ans de despotisme.

Orateur à la Chambre des pairs, écrivain au *Conservateur*, M. de Chateaubriand commençait à se sentir un goût assez vif pour le pouvoir; mais à cette ambition se joignait le noble désir d'être utile à son pays et le dévouement le plus absolu au principe de la légitimité et aux libertés nationales. Il était devenu un redoutable polémiste, et, dans l'ardeur de la lutte, il alla jusqu'à adresser des reproches indirects à M. Decaze, à propos de l'assassinat du duc de Berry : « Les pieds lui ont glissé dans le sang, écrivit-il, » phrase qu'il semble avoir rétractée depuis en l'effaçant de ses œuvres.

Sous le ministère Richelieu, M. de Chateaubriand accepta l'ambassade de Berlin, qu'il quitta en 1821 pour celle de Londres.

Bizarre caprice de la fortune! il vint étaler un luxe presque royal dans cette ville où il avait eu à supporter si cruellement les privations de la misère et les souffrances de l'exil.

A la fin de 1822, il partit de Londres pour aller défendre la cause de la liberté hellénique au Congrès de Vérone.

C'est un des actes les plus beaux de sa vie politique.

Quelques années plus tard, lord Byron devait payer de sa vie son dévouement à la même cause.

A son arrivée à Paris, le diplomate de Vérone remplaça M. de Montmorency au ministère des affaires étrangères.

La guerre d'Espagne fut en grande partie son œuvre. Entreprise malgré la sourde opposition de l'Angleterre, jalouse de notre influence dans la Péninsule , et malgré les déclamations de la presse libérale, elle eut pour principal résultat de prouver à l'Europe que la France s'était relevée des désastres de 1815.

M. de Villèle était alors président du conseil. Intelligence essentiellement pratique et qui soumettait au crible de la raison la plus sévère tout ce que concevait son esprit fertile en expédients , du reste , habile ministre et admirable financier, il avait toujours éprouvé une secrète antipathie pour M. de Chateaubriand. Ce fut un grand malheur pour la Restauration.

La guerre d'Espagne avait été la première occasion de la querelle des deux ministres. M. de Chateaubriand s'était ensuite prononcé pour la suppression du renouvellement partiel de la Chambre et l'adoption de la septennalité , tandis que M. de Villèle voulait le renouvellement intégral avec le *statu quo* de l'âge et du nombre. Enfin, la question des rentes vint combler la mesure des choses.

La loi passa à la Chambre des députés, mais fut rejetée à la Chambre des pairs , dans une séance pendant laquelle M. de Chateaubriand avait gardé le silence.

Du reste, il n'avait peut-être pas laissé ignorer les objections qu'il avait faites à M. de Villèle dans le conseil, ce qui était contraire aux usages du gouvernement constitutionnel.

Quelques jours après , il fut mis à la porte du ministère comme un laquais qui *aurait volé la montre du roi sur la cheminée.*

Mais, comme dit un ancien, *gens irritabile vatum.* Blessé au vif , il jura de se venger de M. de Villèle et entra aussitôt dans les rangs de l'opposition, « d'où il commença le feu sur « le palais de la rue de Rivoli ; trop voisin des Tuileries, hélas! « les éclats d'obus ricochaient dans le jardin royal (1). »

Après avoir acquis, malheureusement aux dépens du trône, une immense popularité, il fut vainqueur dans la lutte ; mais cette victoire coûta cher à cette royauté à laquelle il était si sincèrement dévoué.

N'aurait-il pas dû lui faire grâce de ses rancunes ou du

---

(1) MÉRY, *Paradoxes et Rêveries.*

moins ménager la portée de ses coups et ne pas faire au pouvoir des brèches irréparables , tout en ne s'en prenant qu'au ministère ?

M. de Martignac succéda à M. de Villèle, et M. de Chateaubriand accepta alors l'ambassade de Rome.

Un charme secret l'attirait vers cette ville aux grands souvenirs, et ce ne fut pas sans une certaine joie qu'il la revit, heureux de pouvoir s'y reposer des fatigues de la vie politique. Il y mena pendant quelque temps une existence agréable et conforme à ses goûts de poète et de grand seigneur, se livrant à son goût pour les arts et donnant des fêtes magnifiques à la Cour et à l'aristocratie romaine. Mais Rome est une ville qu'il ne faut pas aimer à demi ; quand on n'y oublie pas le reste du monde, l'ennui ne tarde pas à vous en chasser. Il arrive un moment où ce séjour vous pèse comme un manteau de plomb ; la tristesse qui s'exhale des ruines, la désolation de la campagne vous pénètre à votre insu ; il n'y a alors d'autres remèdes que la fuite.

Le 16 mai 1829 , M. de Chateaubriand regagna Paris, d'où il repartit aussitôt pour aller aux eaux de Cauterets.

La nouvelle de l'avénement du ministère Polignac l'arracha bientôt à ses distractions et le rappela à Paris.

Prévoyant que ce ministère ne serait pas favorable aux libertés publiques, il donna sa démission après avoir inutilement demandé une audience à Charles X.

Il envoya, de temps à autres, au *Journal des Débats* d'éloquentes diatribes contre la funeste combinaison du 8 août ; mais il ne se livrait plus à la polémique avec la même ardeur qu'autrefois.

Les événements marchèrent avec rapidité ; la royauté glissait de jour en jour sur une pente fatale, où chaque pas la précipitait vers sa ruine ; tandis que l'opposition multipliait ses attaques en raison des fautes du ministère, celui-ci s'épuisait en mesures impopulaires et impuissantes.

Enfin parurent les malencontreuses ordonnances ; le flot populaire monta vite et déborda ce trône séculaire, en vain protégé par la fiction constitutionnelle de la responsabilité ministérielle et par la fameuse maxime : « le roi règne et ne gouverne pas. » Les Bourbons reprirent, pour la troisième fois, la route de l'exil, au moment où ils venaient de nous donner l'Algérie. Mais, disons-le bien haut, ces quinze années de la Restauration n'avaient pas été perdues pour notre patrie ; à l'abri du régime constitutionnel, et sous la double influence de la tribune et de la presse, nos libertés nationales avaient grandi, et l'éducation politique de la France avait fait un pas immense ; à l'ombre de la liberté, les lettres et les arts qu'avait étouffés le despotisme militaire, avaient repris une vie nouvelle et brillé d'un éclat incomparable ; la richesse publique et la prospérité matérielle du pays, annéanties par les carnages de l'empire, avaient fait d'incalculables progrès ; la marine avait été recréée, et Navarin avait fait oublier Trafalgar ; le sol avait été sillonné de canaux et de routes, couvert de monuments et d'usines. Enfin, la Restauration avait prouvé, par quelques expéditions qui ne sont pas sans gloire, et une attitude ferme à l'égard des puissances étrangères, que la France s'était relevée des désastres de 1815 et qu'elle avait repris en Europe la place qui convenait à son génie et à sa civilisation. Les descendants de saint Louis pouvaient porter la tête haute. Les regrets de bien des cœurs fidèles les accompagnèrent dans l'exil, et de nobles intelligences s'inscrivirent en faux contre les fatals évènements de juillet 1830.

Avec la révolution de juillet se termina la carrière politique de M. de Chateaubriand. Mais avant de rentrer dans la vie privée, il donna une dernière preuve de dévouement à la cause des Bourbons. Reconnu auprès du Louvre par quelques jeunes gens, il fut porté en triomphe à la Chambre des pairs au cri de vive la Charte ! Vive le défenseur de la liberté de la presse ! Il ne répondit que vive le roi ! Ce cri de courage et de fidélité resta sans écho ; mais jeté par sa bouche, ne souleva aucun murmure. A la tribune, il prononça ce mémorable discours dans lequel il proposa une régence en faveur du duc de Bordeaux. Ses paroles, empreintes d'une indicible tristesse et d'une amère éloquence, frappèrent de stupeur ses collègues qui songeaint déjà à se rallier au nouveau gouvernement. Mais cette voix isolée, quoique puissante, frappa inutilement les voûtes du vieux palais des Médicis.

Après la séance de la Chambre des pairs , il donna aussitôt sa démission, et renonçant à 12,000 fr. de pension viagère que lui offrait le duc d'Orléans, il se retira de la lutte, l'âme sereine et la conscience tranquille , mais rempli d'amertume et profondément désenchanté. Son cœur avait été longtemps le théâtre du plus triste des combats, celui de la raison et du devoir , des sympathies politiques et des exigences de l'honneur , des convictions de l'esprit et des traditions de la famille. Mais il n'est pas donné à tout le monde de s'en retirer avec autant d'honneur et de gloire que M. de Chateaubriaud.

Dans sa brochure *de la Restauration et de la Monarchie élective*, qu'il fit paraître en 1831 , il donna les raisons qui l'obligeaient à ne pas servir le nouveau gouvernement. Cet énergique pamphlet , rempli de verve et d'ironie , où l'amertume déborde à chaque ligne , renferme de sanglants reproches aux apostasies politiques, et prophétise les écueils contre lesquels devait se briser la monarchie de juillet. Il terminait en ne demandant que l'espérance d'un tombeau dans sa patrie pour l'enfant royal à qui il avait voulu donner , une année auparavant, la plus belle couronne de l'Europe.

Quelques mois plus tard , il publia une nouvelle brochure, dans laquelle il combattait la proposition du bannissement de Charles X et de sa famille.

Vers le même temps, il fit paraître les *Etudes historiques*. Ce sont des considérations philosophiques sur l'établissement du christianisme et l'origine de la société moderne; le troisième volume est consacré à une analyse raisonnée de l'histoire de France. On y rencontre quelques pages dignes des meilleurs historiens. Le tableau de la féodalité et des mœurs du moyen-âge est peut-être ce qu'il y a de mieux. La physionomie de cette époque de transition entre la barbarie et la civilisation est admirablement esquissée. Quoique composée à la hâte, pour satisfaire à des engagements de librairie , cette œuvre termine dignement la série de ses œuvres littéraires.

Dès qu'il eut mis la dernière main aux *Études historiques*, il quitta la France avec Mme de Chateaubriand et partit pour la Suisse. A son retour, il subit, à propos de l'échauffourrée de la Vendée, une assez longue détention à la préfecture de police. Chargé par la duchesse de Berry de la réconcilier avec sa famille, il partit pour Pragues, où vivaient les nobles exilés dans le château des rois de Bohême. Ce courtisan du malheur mangea à la table du vieux roi, dont il avait été séparé par les événements au temps de la prospérité.

Enfin, après quelques autres voyages qui ne lui procurèrent qu'ennui et fatigue, il regagna la France et alla s'enfermer dans sa chère maison de la rue du Bac, près du jardin des Missions.

Mme Récamier était toujours fidèle à l'amitié qu'elle avait vouée au noble écrivain. « Elle donnait à ce génie décou-« ragé de tout et de lui-même la dernière joie qu'il pût « sentir (1). »

Une société charmante se réunissait tous les jours dans son salon de l'Abbaye - au - Bois, pour recueillir les quelques paroles qui tombaient de la bouche de M. de Chateaubriand ; car il était habituellement silencieux et paraissait isolé au milieu de la plus brillante conversation, comme il l'avait été dans la vie. Mais quelquefois il rompait son silence, comme par une sorte d'effort, et alors on l'écoutait comme un oracle.

Des œuvres de charité, de nombreux travaux, remplissaient ses loisirs. Il traduisit le *Paradis Perdu*, écrivit l'*Histoire du Congrès de Vérone*, la *Vie de Rancé* et l'*Essai sur la Littérature anglaise*. Ce dernier ouvrage renferme des pages d'une grande beauté sur Milton et lord Byron.

En même temps, il achevait les *Mémoires d'Outre-Tombe*.

Il n'y dévoile pas sa vie avec le cynisme de Rousseau ; il est vrai qu'il aurait pu le faire sans honte, mais ce n'étaient pas des confessions que prétendait livrer au public le solitaire de l'Abbaye-au-Bois.

Les premières années de sa jeunesse y sont racontées avec

---

(1) M. VILLEMAIN, la *Tribune moderne*

un charme infini , et on y trouve des confidences aussi na-
vrantes que bien des pages de *René*. Un passé évanoui pour
toujours semble revivre sous cette plume enchanteresse ; mais
l'affectation s'y montre parfois : la pensée de la mort y est
caressée d'une façon inexplicable , et il s'en exhale une
tristesse quelquefois malsaine.

Il y parle de Napoléon en d'autres termes que dans la
brochure de *Bonaparte et des Bourbons*. Dans un magni-
fique parallèle avec Washington , il rend justice à son génie.

Du reste, une réconciliation tacite semblait avoir été conclue
entre ces deux hommes. A Sainte-Hélène , Napoléon avait
parlé avec admiration de M. de Châteaubriand, et avait paru ne
plus songer à leur vieille querelle. « La paix que n'avaient pas
« conclue avec lui les rois ses geôliers , il l'avait faite avec
« moi ; j'étais un fils de la mer comme lui, ma nativité était
« du rocher comme la sienne (1). »

Le désir de revoir le descendant de ses anciens rois vint
encore arracher à sa solitude le noble écrivain ; le prince lui fit
à Londres l'accueil le plus affectueux et parla de lui avec effu-
sion devant une foule de Français qui étaient venus aussi porter,
aux pieds de l'auguste exilé , l'hommage de leur fidélité.

Devant un pareil témoignage de gratitude , le vieux serviteur
de la monarchie ne put retenir ses larmes et ne trouva pas de
mots pour exprimer les sentiments qui l'oppressaient dans ce
moment solennel. Il ne flatta jamais que la mort et l'infortune.
Aussi grand devant la tombe d'Armand Carrel que faisant sa
cour à Charles X , au château de Pragues, ou au duc de Bordeaux, à l'hôtel de Belgrave-Square. A son retour en France , il
dut voir avec une secrète joie la chute de la royauté de juillet ;
mais à cette joie se mêlèrent bien des angoisses et des craintes
pour l'avenir.

Quelques jours après , le 4 juillet 1848 . il s'éteignit dou-
cement entre les bras de ses fidèles amis, Mme Récamier
et le poète Béranger.

Son corps fut porté à St-Malo comme il l'avait souhaité.

Il repose aujourd'hui sous une simple croix de granit, bercé

---

(1) *Mémoires d'Outre-Tombe.*

par le bruit des vagues qui viennent battre le rocher Grand-Bé. Dans les jours d'orage, quand la mer en fureur gronde autour de l'écueil solitaire, elle semble garder avec jalousie la dépouille mortelle du grand homme, dont elle avait vu les premiers jeux et auquel elle avait, la première, révélé l'infini.

Cet homme, dont nous avons essayé d'esquisser la vie, mérite, à bien des points de vues, la reconnaissance de la postérité. Comme écrivain, en même temps qu'il contribuait à la renaissance du sentiment religieux et des idées morales, il a renouvelé la littérature en indiquant les véritables sources de l'inspiration poétique ; il a laissé l'empreinte de son génie sur presque toutes les œuvres de son temps, et a été le père d'une école qui a produit d'immortels chefs-d'œuvre. Comme homme politique, il a travaillé sans relâche à fonder et à défendre nos libertés nationales et a toujours donné l'exemple de la fidélité aux convictions et du culte de l'honneur. Il fut généreux, loyal, ami dévoué, et l'infortune ne le trouva jamais sans entrailles. Le génie et le courage brillaient dans ses yeux, une grâce mélancolique et austère se mêlait à son sourire.

Pourquoi cette mémoire est-elle chère aux hommes de tous les partis; pourquoi toutes les voix se taisent-elles avec respect autour de cette tombe; pourquoi cette existence semble-t-elle si belle quand on la compare à d'autres auxquelles cependant rien n'a manqué pour la célébrité ?

C'est que le désintéressement, la dignité de la vie, la franchise du caractère, sont à l'existence d'un homme célèbre ce qu'est à la surface d'un lac le miroitement du soleil qui transforme chaque goutte d'eau en un rubis étincelant.

Mais ce n'est que de loin en loin que Dieu envoie sur la terre ces êtres privilégiés qui peuvent, par les créations de leur génie, nous distraire des tristes réalités de la vie, et dont le nom, restant comme le symbole de tout ce qu'il y a de grand et pur, est à lui seul un enseignement.

Aurillac, Imp. BONNET-PICUT.

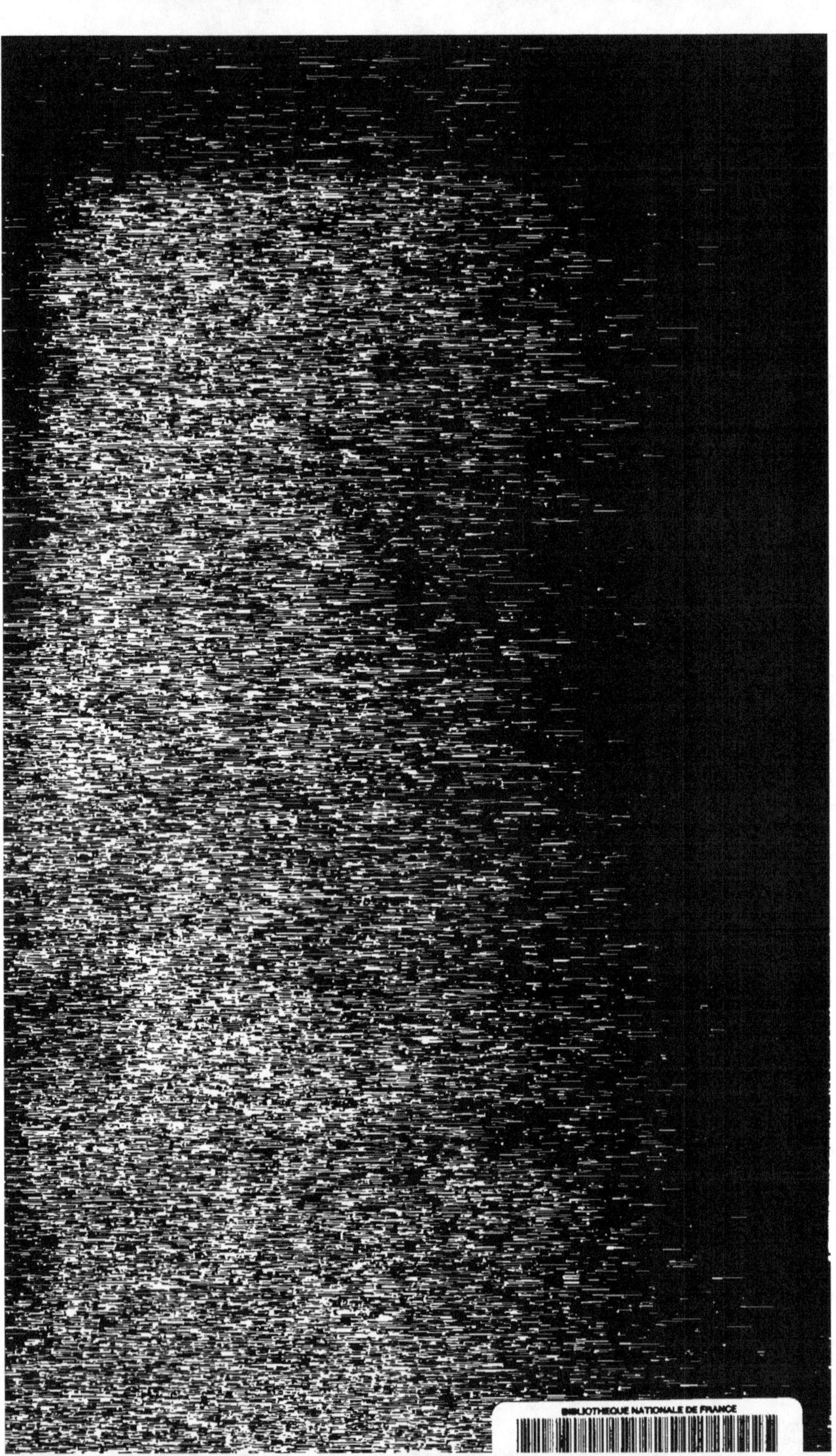

www.ingramcontent.com/pod-product-compliance
Lightning Source LLC
Chambersburg PA
CBHW061600080726
47597CB00005BA/2100